# 走遍世界很简单

ZOUBIAN SHIJIE HENJIANDAN

## 奥地利大探秘

AODILI DATANMI

知误达人 编著

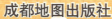

成都地图出版社

**图书在版编目（CIP）数据**

奥地利大探秘 / 知识达人编著 . — 成都 : 成都地图出版社 , 2017.1（2021.10 重印）
（走遍世界很简单）
ISBN 978-7-5557-0271-9

Ⅰ . ①奥… Ⅱ . ①知… Ⅲ . ①奥地利—概况 Ⅳ .
① K952.1

中国版本图书馆 CIP 数据核字 (2016) 第 079845 号

**走遍世界很简单——奥地利大探秘**

**责任编辑**：魏小奎
**封面设计**：纸上魔方

| | | |
|---|---|---|
| **出版发行**： | 成都地图出版社 | |
| **地　　址**： | 成都市龙泉驿区建设路 2 号 | |
| **邮政编码**： | 610100 | |
| **电　　话**： | 028 - 84884826（营销部） | |
| **传　　真**： | 028 - 84884820 | |

**印　　刷**：唐山富达印务有限公司
（如发现印装质量问题，影响阅读，请与印刷厂商联系调换）

| | | | | |
|---|---|---|---|---|
| **开　本**：710mm×1000mm　1/16 | | | | |
| **印　张**：8 | | **字　数**：160 千字 | | |
| **版　次**：2017 年 1 月第 1 版 | | **印　次**：2021 年 10 月第 4 次印刷 | | |
| **书　号**：ISBN 978-7-5557-0271-9 | | | | |
| **定　价**：38.00 元 | | | | |

# 前 言

　　美丽的大千世界带给我们无限精彩的同时，也让我们产生很多疑问：世界上到底有多少个国家？美国到底在什么地方？为什么奥地利有那么多知名的音乐家？为什么丹麦被称为"童话之乡"？……相信这些问题经常会萦绕在小读者的脑海中。

　　为了解答这些问题，我们精心编写了这套《走遍世界很简单》系列丛书，里面包含了世界各国丰富的自然、地理、历史以及人文等社会科学知识，充满了趣味性和可读性，力求让小读者掌握最全面、最准确的知识。

　　本系列丛书人物对话生动有趣，文字浅显易懂，并配有精美的插图，是一套能开拓孩子视野、帮助孩子增长知识的丛书。现在，就让我们打开这套丛书，开始奇特的环球旅行吧！

**路易斯大叔**

美国人，是位不折不扣的旅行家、探险家和地理学家，足迹遍布全世界。

**多多**

10岁的美国男孩，聪明、活泼好动、古灵精怪，对一切事物都充满好奇。

**米娜**

10岁的中国女孩，爸爸是美国人，妈妈是中国人，从小生活在中国，文静可爱，梦想多多。

# 目 录

# 目　录

　　这天，多多从学校回来后就一直噘着嘴，显得很不开心，就连吃饭时看到他非常喜欢吃的可乐鸡翅，也丝毫没有引起他的胃口。路易斯大叔问他怎么回事，他却闭紧了嘴巴，什么也不肯说。

　　"我知道是怎么回事。"米娜一副了然的样子，"多多因为会拉小提琴，被老师安排组织音乐节，但前几天我们班转来了一个新同学。他不仅小提琴拉得非常棒，钢琴也弹得特别好，还会吹小号，

唱歌也美妙动听，简直是多才多艺！于是，老师就将多多换掉，让那位新同学负责组织音乐节了。

我知道很多关于他的事情，他出生在奥地利的萨尔茨堡……"

"原来他是奥地利人呀，怪不得呢。"路易斯大叔听到这里，说道，"奥地利号称'音乐之乡'，音乐就是奥地利人生活的一部分，无论在哪里都能听到音乐声。舒伯特、海顿、莫扎特、约翰·施特劳斯父子等，这些全世界著名的音乐家都是奥地利人。奥地利人喜爱音乐简直到了痴迷的程度，几乎每一个奥地利人都至少会一种乐器，一个家庭就能组成一支乐队。多多，你在音乐上输给一个来自奥地利的

同学，实在是太正常了！"

听路易斯大叔这么一说，多多的情绪果然好了许多。

这时，米娜说道："我记得有一部影片叫《茜茜公主》，好像就和奥地利有关。现在我们找来一起看一下吧，我最喜欢看这种关于公主的故事了。"

米娜和路易斯大叔看影片的时候，在一旁看书的多多，只用余光瞟了两眼，就被影片中那景色优美的湖光山色、豪华的宫廷建筑和动人的故事情节所吸引了，结果也过去和路易斯大叔、米娜一起看。

影片看完后，米娜还沉醉在那童话般的爱情故事中，路易斯大叔却说："现实毕竟不是童话。事实上，茜茜公主热爱自然，崇尚自由，因长期生活在封闭的皇室中，最终患上了抑郁症。她唯一的儿子

鲁道夫还因为不满皇室为他安排的婚姻，自杀身亡。这让她几乎崩溃，从此她以养病为由，离开了带给她无限痛苦和伤心的皇宫，到欧洲各国旅游。1898年，她在瑞士日内瓦被意大利的一个无政府主义者刺杀。"

"不管是历史还是童话，反正都过去了。"多多说，"我倒觉得片中所展现的奥地利的景色太美了！皇宫也太富丽堂皇了！我想去奥地利看看，顺便也去学点音乐。"

路易斯大叔说："奥地利是世界上最受欢迎的十大顶级旅游目的地之一，我们的确应该去看看。等你们放假了，我们就去奥地利观光。"

多多和米娜听了路易斯大叔的话，都欢呼起来。之后，他们还利

用课余时间找了很多资料，大致了解了一下奥地利。

奥地利地处中欧的南部，东有阿尔卑斯山，南部临近地中海，莱茵河从这里流过，全国几乎一半的地区都是森林，降水也比较充足，夏天凉爽，冬天温暖，非常宜居。首都维也纳多次被评为"世界上最适合人类居住的城市"之一。

在奥地利的国土上，除了森林之外，还有草地和农田，到处都是绿色，几乎没有一块裸露的土地，风景非常优美。奥地利还有许多湖泊，湖水清澈见底。整个奥地利山清水秀，如同一幅美丽的山水画，是一个天然的旅游胜地。

# 第1章

# 多瑙河与多瑙塔

在飞往奥地利的飞机上，路易斯大叔向米娜和多多介绍了一下奥地利的历史：

中世纪早期，哥特人、巴伐利亚人和阿勒曼尼人进入奥地利居住。第一个在维也纳建都的王朝是来自巴伐利亚地区的巴本堡家族。巴本堡家族衰败后，哈布斯堡家族崛起，在1278年开始执掌奥地利的

政权，从此开始了对奥地利长达640年的统治。18世纪，哈布斯堡王朝的领土空前扩张，在1815年成立了以奥地利为首的德意志联邦。那时的哈布斯堡家族权倾一时，不但是神圣罗马帝国的国王，还是西班牙的国王、拿坡里和西西里的统治者。

1866年，德意志联邦解体。1867年，奥地利与匈牙利签约，成立奥匈帝国。《茜茜公主》中的弗兰茨·约瑟夫就是奥匈帝国的第一任皇帝，在位时间长达68年。1916年，他去世后，他的侄子卡尔一世继位，但仅仅2年后，卡尔一世就被迫放弃帝制，全家逃亡瑞士，哈布斯堡王朝彻底结束。

在第二次世界大战期间，奥地利也是战火四起。1945年10月，奥地利重新获得独立。10月26日，奥地利政府宣布成为永久中立

国，不参加任何军事同盟。从1965年起，10月26日被定为奥地利的国庆节。

　　终于，飞机停在了奥地利首都维也纳的机场，多多抢先走下飞机，深深地吸了一口气，然后回头对后面的路易斯大叔和米娜说："我还以为维也纳的夏天也像其他地方一样，热得让人难受呢，没想到这里这么凉爽，好像有空调一样，真是舒服极了！"

　　路易斯大叔和米娜也深深吸了一口气，只觉得维也纳的空气异常清新。

　　路易斯大叔说："维也纳有"多瑙河的女神"的美称，也是多瑙河流经的第一个首都城市。"

　　三个人来到预先订好的酒店，稍微休息了一下，路易斯大叔便

说："现在是下午，我们就抓紧时间欣赏一下多瑙河以及多瑙塔的美丽风光吧。"

多多立即说："小约翰·施特劳斯有一首非常著名的乐曲，就是《蓝色多瑙河》，这首曲子将多瑙河刻画得异常迷人，现在我终于能亲眼看到多瑙河了。"

多瑙塔位于多瑙河公园的中心位置，而多瑙河公园在多瑙河以北。位于维也纳市区的北部，一行三人乘车来到多瑙河公园。

公园里有大片平整的绿草地以及很多郁郁葱葱的树木，其间点缀着许多五颜六色的鲜花。树木草丛之间还有几座精致小巧的亭子。多瑙河畔的风景更为公园增添了几分美丽。

多瑙河河水缓缓地流淌着，水面上波光粼粼，河水呈现蓝绿色。岸边则种满了绿树，树荫下还坐着一些垂钓的人。

　　路易斯大叔、米娜和多多三个人静静地坐在岸边，欣赏着河边优美的景色。一位垂钓的老爷爷看到他们，不禁自豪地说："这个公园是不是非常美丽？"

　　三个人都点点头说："是的，非常美丽。"

　　老爷爷接着说："你们一定想不到，多年前，这个公园还是一大片垃圾掩埋场。1906年，政府开始治理垃圾掩埋场，并把它修建成一座公园。现在，每天来这里的人可多了，大家都喜欢登上多瑙塔，俯瞰整个维也纳。"老爷爷用手指向那高耸入云的多瑙塔。

　　看到多瑙塔，三个人忙告别老爷爷，向多瑙塔走去。

　　路易斯大叔说："多瑙塔高252米，底部的直径是31米，是维也纳最高的建筑。我们可以乘电梯上去。"

一行三人乘上电梯，很快就到达了165米高的电梯终点。走出电梯后，开始顺着楼梯往上爬，登上了170米高的地方，顿时一阵冷风扑面而来，寒气逼人，三个人都不由得打了个寒战。这里有一个露天咖啡馆，虽然有点冷，但咖啡馆内还是坐满了顾客。他们找了座位坐下，然后俯瞰整个维也纳，仿佛有一种在九天之上的感觉，美丽的景色尽收眼底。

"天哪，我看到的景色怎么变了？"米娜突然惊讶地喊起来，"这个咖啡馆似乎在旋转！"

"它确实在旋转。"为他们送上咖啡的服务员微笑着说，"这里的两个咖啡馆都是环塔而建，地板构架连着塔轴，所以才能围绕着这个塔旋转，大约40分钟就能自转一周。你们不用移动，就可以一边品

尝我们的特色咖啡，一边欣赏美丽的多瑙河。"

听了服务员的话，大家喝了几口香醇的咖啡，就专心欣赏起了美景。

维也纳的西郊，是一座绵延起伏的高山，那是东阿尔卑斯山的支脉维也纳林山，山上茂密的绿林连接成片；山的西边是华丽的住宅区，周围环绕着花园和葡萄园；多瑙河从市区内横贯而过，潺潺流动的河水为城市带来了许多灵动的生气，也滋养了茂盛的植被和森林。在城市周围环绕着茂密的维也纳森林，为整座城市源源不断地提供新鲜空气；北面是一片宽阔的大草地，犹如铺在大地上的一块特大的绿色绒毡，碧波粼粼的多瑙河从绿色草地之中穿过；许多房屋依山势而建，掩映在绿树之间，恰如洒落的珠宝。

城市上空笼罩着一层淡淡的薄雾，城市里古老而高大的建筑，使这青山碧水的城市多了一层古老庄重的色彩。它们在阳光下闪闪发光，就像女神头上的珠饰，而蜿蜒的多瑙河就像横在女神腰间的玉带。

咖啡馆已经转完了一圈，大家却依然沉浸在如画的美景之中，舍不得离开。多多赞叹道："真是太美了，真不愧是'多瑙河的女神'啊，我们再看一遍吧。"

路易斯大叔和米娜自然没有意见。因为这里比较冷，他们又各要了一杯热乎乎的咖啡，开始了第二遍的欣赏。

# 第2章

## 音乐之都

休息了一晚之后，第二天一早起来，多多就嚷道："奥地利是'音乐之乡'，维也纳是'音乐之都'。今天我哪里都不想去，就想去听音乐、找音乐！"

路易斯大叔说："既然来到'音乐之都'，听音乐、找音乐自然是不能错过的。我们现在就去。"

他们来到维也纳的街头，看到有许多古典样式的马车。原来，在

维也纳乘坐马车参观游览也是一项别具特色的旅游项目。因此，他们也租了一辆马车，亲身尝试一下。

三个人坐上古色古香的马车，伴随着车轮碾过古老街道的吱吱声，他们感觉仿佛穿越时空，回到了过去。这座古老的城市正在向他们展示着那悠久的历史和迷人的风情。

马车穿梭在维也纳的大街小巷，随时都可以听到优雅轻快的华尔兹圆舞曲，不时会看到背着乐器的人，这是一座用音乐装饰起来的城市。那些夹杂在城市中的艺术元素也让他们感到目不暇接。在大的广场，不时会看到一些街头表演，那整齐而富有活力的舞姿和节拍，让很多人驻足观看。整个维也纳就像一个巨大的露天舞台。

　　车夫大叔告诉他们说："每年夏天，维也纳的市政府都会出资组织一些艺术活动，有各种舞会，也有各种音乐节。这时，就会有很多来自世界各地的艺术爱好者聚集在维也纳。"

　　在维也纳，有许多街道和花园、礼堂等是用著名音乐家的名字命名的，比如海顿街、贝多芬广场、舒伯特花园等。

　　马车行驶在街头时，随处可见的雕像又吸引了路易斯他们的目光。这些雕像中有许多是哈布斯堡王朝的皇室成员，比如奥地利的国母玛丽亚·特蕾西亚女王以及弗兰茨·约瑟夫一世、茜茜公主，但更多的雕像是欧洲和奥地利历史上著名的音乐家。这些栩栩如生的雕像似乎在时刻提醒着人们，维也纳是一座著名的音乐之都。

　　在理工大学前面，矗立着勃拉姆斯坐着的雕像，他正深情地注视着基座上的竖琴；在玛丽亚希尔弗教堂前，则竖立着海顿站立的雕像，他凝视远方，似乎正在构思乐曲。

　　"音乐神童"莫扎特的雕像耸立在内环城路王宫公园的入口处。这座雕像是用白色的大理石雕刻而成的。莫扎特站在高高的基座上面，身穿燕尾服，左手拿着乐谱，身子微微倾斜，双眼目视前方。基座上有一些天使的浮雕，似乎在向这位著名的音乐家顶礼膜拜。

　　莫扎特雕像的后面绿树掩映，前面则是一块绿色的草坪。草坪中间用很多红色玫瑰花组成了一个巨大的高音谱号，非常引人注目。每一朵花瓣都像是一个跳动的音符，在弹奏着一段动听的音乐。

　　马车来到环城大道旁的一座著名的城市公园，它还被称为"音乐

公园"，因为这是一个以纪念著名音乐家为主题的公园。

维也纳河从公园中穿过，将公园分成两部分，河上又有桥梁将这两部分连接起来。公园中花木葱茏、绿树成荫，河水中有许多野鸭在追逐嬉戏。

公园中最引人注目的就是那一座座音乐家的雕塑，它们掩映在绿荫之下，默默地注视着来来往往的游客。大理石雕刻的舒伯特正静静地坐着沉思，作曲家罗伯特·史托兹的头像表情异常严肃，位于雪松旁边的管风琴大师多多纳的半身像侧头远望……

在这些雕像中，最具代表性的是约翰·施特劳斯的镀金雕像。这位"圆舞曲之王"身穿合体的燕尾服，风姿潇洒，正聚精会神地演奏

着小提琴。这座金光闪闪的雕像被安置在一个汉白玉底座上，背后有一座拱形的汉白玉大门，门上的浮雕是一群快乐的天使，似乎在优美的音乐中翩翩起舞。雕像前，环绕着姹紫嫣红、怒放的鲜花，将雕像衬托得更生动、更精美。

路易斯大叔说："这座造型独特的雕像，据说原来是用青铜铸造的，后来有个日本人非常喜欢这位音乐家，便出钱为它漆上了金身。现在它几乎成了维也纳的城市象征，很多来维也纳游览的人，都要来到这里，与这位音乐大师拍照留念。"

"看着雕像，我好像听到了美妙的《蓝色多瑙河》。"米娜入神地说。

在公园中有一座米黄色的、意大利文艺复兴风格的建筑，看起来十分漂亮、精美，但比起他们以前看过的许多建筑，并不出色。但是路易斯大叔说，这座建筑非常有名，它就是库尔沙龙，建于1867年，因为曾在这里举办过施特劳斯音乐会而出名。

游览完城市公园后，他们来到了与之相邻的贝多芬广场。广场不大，但中心屹立的贝多芬的青铜雕像非常醒目。贝多芬身披长袍，坐在大理石的底座上，两手交叠放在腿上，表情严肃而凝重。底座左右有男女两尊神像，下面则围绕着9个小天使。

　　"这9个小天使代表贝多芬的9部不朽的交响曲，"车夫大叔说，"它们全都是在维也纳举行的首演式。其中人们最熟悉的、最经典的是《命运交响曲》《英雄交响曲》《田园交响曲》《合唱交响曲》。"

　　"我太崇拜贝多芬了！"多多大声说，"我一定要好好听一听他的交响曲。"

　　车夫大叔笑道："贝多芬也是我们所有奥地利人崇拜的人，他是我们心中永远的'乐圣'。"

　　贝多芬雕像的左右各有一栋哥特式的大楼，分别是奥地利音乐学院和维也纳艺术学院，它们是全球追求音乐艺术的学子都向往的殿堂。贝多芬广场的对面是维也纳音乐厅。可见，这里就是一个音乐的

中心。

　　在维也纳，大大小小的音乐厅有很多，其中最著名的是"金色大厅"。在去往金色大厅的路上，车夫大叔侃侃而谈："金色大厅是维也纳最古老，也是最现代的音乐厅。说它古老，是因为它始建于1867年，已有100多年的历史。说它现代，是因为它的音响效果非常出色，很适合乐团演出。每年的'维也纳新年音乐会'必定会在金色大厅举行，那时会有数十个国家和地区通过电视卫星收看音乐会的实况转播。金色大厅落成之后，'世界第一乐团'维也纳爱乐乐团每个季度至少在金色大厅举行12场音乐会。"

　　说话间，他们来到了金色大厅前面。他们发现金色大厅并不是一座独立的建筑，而是维也纳音乐之友协会大楼的一部分，除金色大厅

之外，这栋大楼还包括许多音乐厅，例如勃拉姆斯厅和莫扎特厅等，还有部分办公室。

维也纳音乐之友协会大楼是意大利文艺复兴式的建筑，外面的墙壁红黄相间。大楼顶部竖立着许多音乐女神的雕像，让人一看就知道它与音乐有关。

金色大厅的门口，摆放着历代音乐大师的金色雕像。走进大厅，两边的墙壁都是金色的，前面竖立着16尊大理石的音乐女神雕像；楼上的包厢由18根涂着金箔的柱子支撑着；大厅顶部金色镂花的梁柱之间，画着一些音乐女神的彩色画像；华丽无比的装饰、巨大的水晶吊灯从大厅顶部垂下来，给大厅增添了一种高贵典雅的气氛。在大吊灯的照射下，这所有的一切都金光闪闪。

米娜惊叹道："真不愧是金色大厅呀！到了这里，我才真正理解了'金碧辉煌'这个词的含义。"

听了米娜的话，路易斯大叔和多多也连连点头。

金色大厅里有一个乐团马上要开始演出了。他们的座位在三楼的最后一排，价格是最便宜的，当然位置也是最偏远的，但依然能清楚地听到音乐的每一个音符。

乐队演奏的都是人们很熟悉的一些经典乐曲，有《蓝色多瑙河》《维也纳森林的故事》《春之声圆舞曲》《命运交响曲》《小夜曲》等。乐队最后演奏了著名的《拉德斯基进行曲》，将音乐会推到了高潮，现场的观众都陶醉在音乐当中，情不自禁地和着节拍摇晃身体。演奏一结束，顿时响起了雷鸣般的掌声。

"太好听了！真是太优美了！"多多不停地赞叹。

米娜也不禁感叹道："是啊，实在太震撼了！金色大厅的音响效果非常棒，不知道它是怎么做到这点的？"

旁边座位上的一个男子听到她的话后，带着自豪的表情说："这有好几个原因：一是因为大厅是长方形的，有很好的回音效果；二是因为大厅的顶棚是悬空的，没有固定死，更容易产生共振；三是因为地板下面是一个大仓库，除了在年初大厅里举办舞会的时候，会把观众座椅搬进去，其他时间都是空着的。它就像一个大音箱，能产生非常好的共鸣效果。另外，大厅的地板和墙壁采用的都是木质的，能使乐队演奏的声音在厅内振动、回旋。据说，有一些国家曾想模仿金色大厅，但音响效果远远不如金色大厅。"

听了男子的话，多多和米娜再一次对金色大厅产生了兴趣，四处观看。

　　他们在大厅内发现了两个收藏馆：一个是展览厅，定期展览收藏品；一个是档案室。档案室的一边放着书架，上面放满了大量音乐书籍和乐谱，有铅印的、木刻的，还有手写的；另一边放着一排铁箱，里面收藏着许多音乐大师的书信、手稿等手迹，包括舒伯特的手稿《未完成的交响曲》、莫扎特的手稿《最后一个交响曲》等。

　　当他们从金色大厅走出来时，太阳已经西下。漫步在街道上，各处不时传来阵阵悠扬的乐曲声，还有悦耳的歌声。这些乐曲声和歌声使他们深深地感到：音乐，就是维也纳的灵魂。

# 玛丽亚·特蕾西亚女王

　　玛丽亚·特蕾西亚女王是哈布斯堡王朝唯一的女皇，是世界史上最伟大的女性之一。从1740—1780年，在她执政期间，她推行了一系列改革国家的措施，并执行明智的外交政策，使国家日益强盛，王朝的统治版图也迅速扩张，开创了奥地利历史上的一个强国盛世。从此，海顿、莫扎特等音乐大师陆续出现，古典音乐在奥地利发展起来。她是所有奥地利人的骄傲，是他们心目中神圣不可侵犯的"国母"。

## 第3章
# 皇宫中的历史

　　在哈布斯堡王朝长达700多年的统治时期，一直以霍夫堡皇宫作为历代皇帝居住的地方。霍夫堡皇宫记载了王朝由弱小到强盛的辉煌，也记载了王朝被迫解散的耻辱，以及王朝走向消亡的无奈。而这座皇宫经过历代皇帝的扩建，也是异常恢宏壮丽。

当听到路易斯大叔说要去霍夫堡皇宫时，多多和米娜都很兴奋。

为了更好地了解皇宫，路易斯大叔还专门找了个很有经验的向导。向导介绍说，霍夫堡皇宫的占地面积有24万平方米，有54个出口，18栋楼房，19座庭院和2500个房间，是个名副其实的深宫大院，里面犹如迷宫一样，很容易迷路。所以，找个好向导是必需的。

他们一行人来到位于维也纳中心的皇宫。皇宫大门高大而雄伟，并排有5个拱形门，都由一些非常粗大的白色石柱支撑着。向导说，这座大门是奥匈帝国弗兰茨·约瑟夫一世在位时修建的，完全由士兵们动手建造。1824年，这座大门专门选在莱比锡大会战的纪念日落成，一雪皇帝失败的耻辱。在莱比锡大会战中，盟军第一次打败了拿

破仑的军队，收复失地。

　　宫门的上方有一个高大的拱顶，装饰得非常豪华，阳光从圆形的窗户射进来。墙壁上排列着一些凹洞，里面摆放着神话中的男女雕像。米娜和多多都不禁感叹："连一座宫门都装饰得如此华丽精美，里面的建筑又该是怎样的奢华呀！"

　　走过宫门，他们进入一个广场。这里视野开阔，有大片平整的草地，还有一些高大的树木，看起来更像一个公园。广场上高高地耸立着两座大型的青铜雕像。向导说："这两个雕像分别是打败土耳其人的欧根亲王和成功抵御拿破仑的卡尔大公爵，他们都是奥地利有名的大英雄，所以这个广场被叫作英雄广场。"

两位英雄都身披戎装，骑在腾跃而起的战马上。卡尔大公爵更是高高举着旗帜，似乎正率领他的士兵冲锋陷阵，在蓝天白云的映衬下，更显威武。

　　在多多的请求下，向导给他们讲解了两位英雄的事迹：

　　欧根亲王曾先后服务于哈布斯堡王朝的3位皇帝，为王朝的建立和强盛立下了特殊的功劳。他是法国人，因为个子矮小而被拒绝加入法国军队。1683年，20岁的欧根亲王加入了哈布斯堡王朝的军队，起初只是一个往返于前线和皇宫的通信兵。这一年，土耳其军队大举进

攻，将维也纳围得水泄不通。他参加了解放维也纳的战斗，并表现出惊人的智慧和勇敢。10年后，他被封为元帅。1697年，他再次打败土耳其人。后来，他在西班牙皇位的继承战以及与法国路易十四的谈判中，都为哈布斯堡王朝立下了汗马功劳。在1714—1718年与土耳其的战争中，他将土耳其人一直打到巴尔干的贝尔格莱德。为了纪念他，人们为他在皇宫里建造了第一个非皇室人员的雕像。

卡尔大公爵是皇帝利奥波德二世之子，是奥地利著名的元帅和军事理论家。1790年，19岁的他参加了军队，3年后就指挥一个旅与法军作战，1796年便获得元帅头衔。1797年，他在意大利有力地阻挠了

拿破仑的进军，1799年再次击败法国儒尔当的军队。1809年5月，在维也纳附近，他带领军队与法军展开激烈会战，并第一次打败拿破仑一世的大军。同年7月，因一次败仗而辞职。

在向导的讲述中，多多又发现了一点不同："欧根亲王的雕像有3个支点着地，是两个马后蹄和一个马尾。卡尔大公爵的雕像只有两个马后蹄着地。"

"据说，这两座雕像是师徒两个人先后建造完成的，"向导说，"师傅建造的是欧根亲王，徒弟建造的是卡尔大公爵。很明显，徒弟的雕像难度更大，也更雄伟，可见'青出于蓝而胜于蓝'是有道理的。"

# 第4章

## 新霍夫堡皇宫

　　欧根亲王雕像的后面是一栋呈弧形的两层楼房，是新文艺复兴风格的建筑，这里就是新霍夫堡皇宫。它中央的最高处有一个戴着皇冠的、金色的双头鹰雕塑，下方站立着4个女神雕像。向导说："双头鹰是哈布斯堡王朝的标志，在皇室中它的形象随处可见。"

　　新皇宫二楼的阳台上有一整排的廊柱，底层的拱形窗户之间有许多栩栩如生的人物雕塑，再加上墙壁上那些雕刻精美繁复的各种花纹，使它看起来非常气派壮丽。据向导介绍，那些人物雕塑中有古奥地利民族、古罗马兵团、日耳曼人、斯拉夫人、传教士等，代表着奥地利历史的元素。

　　"它为什么叫新霍夫堡皇宫呢？"米娜问。

　　"因为它建造的时间很晚，"向导说，"是1881年弗兰茨·约瑟夫一世下令建造的，与老皇宫相连。1926年，新皇宫建造完成，那时哈布斯堡王朝的最后一个皇帝卡尔一世已经退位8年了。1938年3月15日，德国元首希特勒曾爬上新皇宫的阳台，歇斯底里地对维也纳的市民宣布：奥地利已不复存在，它将与德国合并。"

　　现在的新皇宫被开辟成了博物馆，里面有5个展览馆，其中最吸引人的是埃菲斯展览馆，里面收藏着从土耳其埃菲斯古城的图书馆遗迹中运来的雕刻原件，还有一整座埃菲斯古城的模型；古乐器展览馆中，展示的有海顿、舒伯特、贝多芬等音乐大师使用过的乐器；兵器展览馆中，陈列着公元5世纪以后的各种武器；纸莎草博物馆里，收藏着公元前15世纪的古文书，共有18万件，价值不可估量；人类学展览馆中，则收藏着来自世界各地的15万件珍奇藏品，也是价值连城。

　　连接着新霍夫堡皇宫与老霍夫堡皇宫的是礼仪大厅，这里高大宽敞，前面有一个稍高的平台，地上铺着红色的地毯，墙壁和天花板都是白色的，装饰着精美的花纹。天花板上还有一幅巨大的油画，许多豪华的水晶吊灯从天花板上垂挂下来。向导说："这个大厅的面积有1000平方米，以前是皇帝举行登基大典和皇室举办舞会的地方。现在这里成了欧洲安全组织总部的所在地，还是联合国或其他机构举行大型会议和宴会的地方。"

多多等人穿过礼仪大厅，进入了老霍夫堡皇宫。路易斯大叔说："它的历史可以追溯到1279年，起初仅仅是一座城堡，每一代皇帝几乎都对它进行了改建和扩建，以至于形成了一个规模宏大的'城中之城'。"

# 第5章

## 弗兰茨皇帝广场

　　离开皇宫后，向导又带着路易斯大叔等几个人来到了弗兰茨皇帝广场。广场的中央矗立着皇帝高大的青铜雕像。皇帝高高地站在基座中央，身穿宽大的长袍，手拿权杖，头微微低着，以一种悲悯的姿态

俯视大地。在他的下方有4个美丽的坐着的女神雕像。他踩着的圆柱形基座的四周，则环绕着一些女神浮雕。

路易斯大叔说："这位皇帝原本是德意志神圣罗马帝国的弗兰茨二世。后来，因为拿破仑梦想成为德意志神圣罗马帝国的皇帝，弗兰茨二世为了打破他的计划，在1806年主动解散了这个帝国，同时成立了奥地利帝国，他因此也成了奥地利帝国的弗兰茨一世。"

从弗兰茨皇帝广场出来后，他们走进了皇宫宴会和银器馆，里面展示的是当年皇帝举行宴会时用的餐具。一进门，首先看到的是数不清的水晶和玻璃器皿，它们在枝形吊灯的照射下，闪烁着五彩的光芒。接着，他们看到的是众多或金光闪闪或银光闪烁的、异常讲究而精美的餐具，有的餐具就像是艺术品，花样非常繁杂。另外，还有许多来自中国的瓷器，人们将它们称为"白色金子"。

看到这些餐具，众人目眩神迷，米娜更是不停地赞叹："金碧辉煌、光彩夺目、极尽奢华、价值连城……太奢靡了！太惊心动魄了！餐具都这样，上面的食物是什么样的呢？当年的皇帝过的是什么样的日子呀！"

多多则说："我要是能拥有其中一件餐具，我这辈子就满足了，天天用它来吃饭。"

弗兰茨皇帝广场右侧是高大壮丽的瑞士人大门，以橘黄色为底，上面有蓝色的横纹，大门的正上方是象征哈布斯堡王朝的金色双头鹰，双头鹰左右两边还有金色的文字。

"它为什么叫瑞士人大门呀，是瑞士人建造的吗？"多多好奇地问。

　　"因为这座大门原来是由瑞士人把守的。"向导说，"在中世纪时期，包括哈布斯堡王朝在内的许多皇宫都喜欢用彪悍而忠诚的瑞士人把守城门。它是1522年建造的，是文艺复兴时期纪念碑式的建筑。在那个烽烟四起的年代，这座城门外还曾修了一条护城河，河上的一座吊桥将城内外连接起来。经过几个世纪的变更，虽然这座大门保存了下来，但它的护城河、吊桥和4个角塔已不复存在。"

　　他们穿过瑞士人大门，进入瑞士人庭院，再穿过庭院，走向与之相邻的珍宝馆。这时，多多特别兴奋，紧紧跟在向导身边，心情激动地听他介绍："哈布斯堡王朝早年，皇室的珍宝没有一个专门的收藏点，而是分别珍藏在许多地方。直到卡尔六世时期，建成了一个珍宝馆。你们看，这个铁门上刻着'1712'，标志着珍宝馆建成的时间。

现在，哈布斯堡家族使用过的皇冠、皇袍、权杖、衣物、首饰等珍贵的宝物都珍藏在这里。"

一走进珍宝馆，看着那些闪闪发光的珍宝，他们的眼睛几乎被晃花了，一时之间竟不知道要看哪一样才好，还好有向导。在珍宝中，有一顶被称为"帝国冠冕"的鲁道夫二世的皇冠，制作于1602年，以金色为主，上面镶嵌着许多珍珠、红宝石和巨大的蓝宝石；有一条被称为金羊毛骑士团的项链，由金子制成，十分粗大，上面刻着非常精美的花纹，底部悬挂着一只金色的绵羊。

这里的镇馆之宝是神圣罗马帝国的加冕皇冠。与大多数皇冠不同，它由8块金板构成，是一顶拜占庭式的冠冕。11世纪时，人们将原来的黄金连拱换成了镶满宝石和十字架的连拱，使它更加奢华，上面一共镶嵌了144颗宝石。这些宝石大多没被切割过，只稍稍打磨

过，尽量保持原来的样子进行镶嵌。962年，德意志联邦的奥托一世在罗马由教皇加冕，成为罗马天主教的最高统治者。于是从1157年，王朝开始冠上了神圣罗马帝国的名字。在王朝的鼎盛时期，其疆域包括近代的德意志、奥地利、意大利北部和中部、捷克、斯洛伐克、法国东部、荷兰、比利时、卢森堡、瑞士，成为当时欧洲无可争议的霸主。

在所有珍宝中，最让米娜感兴趣的是一株金牡丹的盆景。它具有明显的中国元素，那卷曲的花瓣、舒展的叶片，还有细小的花蕊和藤蔓，全都做得惟妙惟肖，美轮美奂，似乎只要一阵风吹过，这株美丽的牡丹就能发出清脆的叮铃声。金牡丹不远处，还有两盆用宝石打造的盆景花，那份美丽和奢华令多多等人咋舌不已。

在霍夫堡皇宫，他们对皇宫的居室非常感兴趣。这些居室位于珍

宝馆之上的二楼。这里展览的房间一共有21间，共分为3个陈列区：弗兰茨·约瑟夫的居室、茜茜公主的居室和亚历山大的居室。约瑟夫的居室包括朝见大厅、会议室、办公室和宴会厅，里面的摆设都比较简单，尤其是他的卧室，只有一张铁床和简单的洗漱用具，使宽敞的房间看起来十分空旷。与之相反的是他的妻子茜茜公主的居室，这里已成为茜茜公主博物馆，里面展示了很多茜茜公主生前的私人用品，还有一些她的肖像画。

茜茜公主的居室装饰得非常豪华，红色的地毯、巨大的吊灯、路易十四的精美家具等，无不显示出这位皇后当年生活的奢华。这里还陈列着茜茜公主出嫁时的婚纱、华丽的晚礼服、光彩夺目的王冠和首饰珠宝……

米娜最感兴趣的是她的肖像画，从她15岁到30岁，每个时期的肖像画无不美丽至极，比电影中的茜茜公主更加美丽高贵，她身姿挺拔而曼妙，肌肤白皙而细腻，明眸善睐、红唇皓齿、风华绝代……

米娜一边睁大了眼睛观看，一边说："真美呀，难怪皇帝会对她一见钟情！"

这里还有一个雕塑，是茜茜公主去世时的石膏面模，这反映出她的真实面貌。从这个面模可以看出，她虽然已年过半百，却依然秀美端庄。

在茜茜公主的化妆室里，有一个攀登架，上面安装了吊环，这是她用来锻炼身体的。向导说，据说这位著名的皇后每天都要锻炼身体，包括做体操、步行、骑马、按摩等，也因此一直保持着苗条轻盈的身材。为了保持身姿挺拔，据说她睡觉时从来不用枕头。

在一个小厅里，专门陈列她的一件黑衣，不带一丝彩色，与她那

些华丽的衣服相比，完全是两个极端，人们很难将它与奥地利尊贵的皇后联系起来。向导说："不幸的婚后生活，使她变得悲观绝望，晚年的皇后一直身穿全黑，刻意与人保持距离。"

怀着一种说不出的惆怅，他们走出茜茜公主的居室，在向导的带领下，沿着霍夫堡皇宫后门的围墙向西走了不远，来到了著名的西班牙骑术学校。

"奥地利的马术学校为什么名字是'西班牙'？跟西班牙有什么关系呢？"多多问。

向导回答说："因为从1562年起，哈布斯堡王朝就开始引进西班牙的纯种马——利皮札马，然后在皇宫开辟驯马场，并进行精湛的马术表演。这个马术学校建于1572年，是最古老的马术训练学校，所用的马匹就是来自西班牙的利皮札马，所以得名西班牙马术学校。"

　　马术表演大厅十分宽阔，气势非凡，人们可以站在四周高高的围廊上观看表演。

　　"这个表演大厅可真够大的。"米娜惊叹道，"唉，围廊下还有柱子呢，这得有多少根呀？"

　　向导说："这个大厅长55米，宽18米，高17米。至于支撑围廊的柱子呢，有46根。你们来的不凑巧，炎热的夏天很少有马术表演。而在冬天，就常常会有例行的驯马，以及精湛的马术表演。那时，人们会看到潇洒的骑士们穿着特制的骑马服，骑在马

上。在音乐的伴奏下，一匹匹马儿翩翩起舞。这种马术表演被称为'马术芭蕾'，你们可以想象一下有多优雅。"

向导的话，让多多等人觉得非常遗憾，却也没有办法。

经过马术学校，他们来到了约瑟夫广场，广场中央竖立着约瑟夫二世骑在马上的青铜像。向导说："约瑟夫二世是'国母'玛丽亚·特蕾西亚女王的儿子，也是一位非常英明的君主。他继承母亲的事业，将德意志神圣罗马帝国进一步推向辉煌。据说，他举止潇洒，相貌堂堂，是奥地利历史上最英俊的皇帝，曾让无数贵妇淑女为之倾心。"

多多和米娜都更认真地观看约瑟夫二世的雕像，似乎想看看他到底有多英俊。

# 利皮扎马

　　利皮扎马是世界上最有名的马种之一，它们不仅有高贵优雅的气质，而且兼具勇敢、聪明、温驯、气力强劲等难能可贵的品质。这种马并不高，最高的大概只有1.63米，但因为具有结实的身体、高昂的步伐，以及有力而具弹性的动作，使它看起来要高大许多。它刚出生时皮毛是灰色或红棕色的，5～8岁时会慢慢长出白色的毛发。这种马特别擅长马术表演，尤其是高级的马术，几乎所有的利皮扎马都能做出难度较大的舞蹈动作。

## 第6章
# 国家图书馆

在广场周围的建筑中，最辉煌的是奥地利国家图书馆。在走向国家图书馆时，向导非常自豪地说："这个图书馆的前身是哈布斯堡王朝的皇家图书馆。当时的皇帝卡尔六世允许图书馆对外开放。直到19世纪，它一直是德语国家中最大的图书馆。它现在也是世界上五大图书馆之一，堪称人类文化的宝藏。我们奥地利人为了保护它，付出了很大代价，在改朝换代时，在战火纷飞时，总

有人奋不顾身地去保护其中的文明瑰宝。"

　　说话间，他们来到国家图书馆的大门口。图书馆的大门装饰得富丽堂皇，门口旁边竖立着一尊圣洁的女神雕像，女神右手举着一束花环，目光温和而坚定，似乎在忠诚地守卫着这座文明宝库。大门上有金色双头鹰的浮雕，顶上有皇冠，下方有宝剑和权杖，尽显霸气。大门的把手是一个小金人，整座建筑显得严肃而深情。

　　进入图书馆的大厅，首先映入眼帘的是卡尔六世的全身雕像，与皇帝本人等高，他身穿中世纪的服装，头侧向一边，显得十分威武。大厅周围的廊柱上则是其他16位哈布斯堡王朝皇帝的雕像，皇家气派十足。

多多说："一看卡尔六世所处的位置，就知道他对这座图书馆的作用是最重要的。"

"没错，正是因为他的英明决定才有了今天的国家图书馆。"向导说。

卡尔六世的头顶是高大的拱形天棚，上面是五彩缤纷的油画，描述了一个个神话故事。天棚上有一圈圆形的窗户，阳光可以从中照射进来。天棚由高大的大理石柱子支撑着。大厅的四壁全都装饰着精美的壁画和雕塑，这些装饰大多是金色的，在阳光的照射下，流光溢彩，金碧辉煌。

大厅内，靠墙立着一架架直达天花板的书柜。在古色古香、褐色

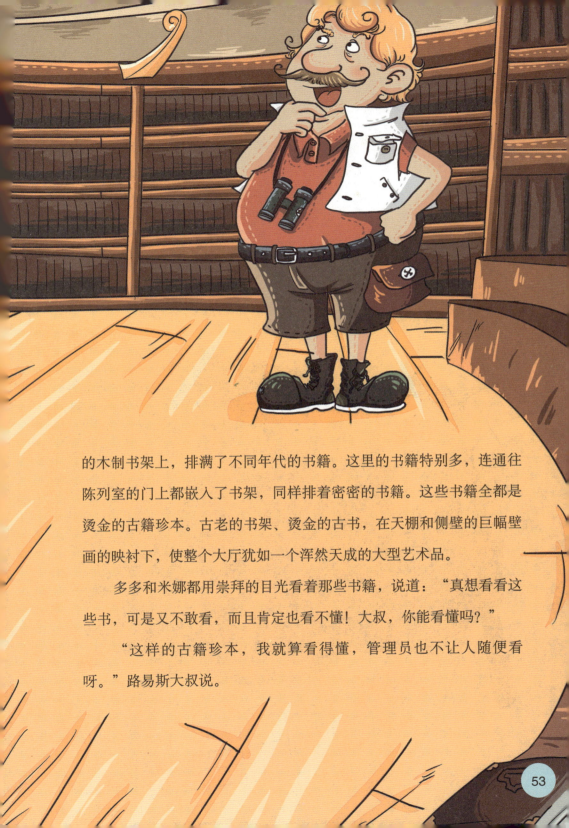

的木制书架上，排满了不同年代的书籍。这里的书籍特别多，连通往陈列室的门上都嵌入了书架，同样排着密密的书籍。这些书籍全都是烫金的古籍珍本。古老的书架、烫金的古书，在天棚和侧壁的巨幅壁画的映衬下，使整个大厅犹如一个浑然天成的大型艺术品。

多多和米娜都用崇拜的目光看着那些书籍，说道："真想看看这些书，可是又不敢看，而且肯定也看不懂！大叔，你能看懂吗？"

"这样的古籍珍本，我就算看得懂，管理员也不让人随便看呀。"路易斯大叔说。

向导说："这里的藏书特别丰富，仅大厅里就有20多万册。这里还是世界上收藏莎草纸文献最多的地方，大约有13万件。"

"莎草纸是用莎草加工而成的，"路易斯大叔接着说，"古埃及人从公元前3000多年就开始用它来书写。"

图书馆里还收藏了360件最具奥地利特色的古乐器，件件都是珍品，几乎将17世纪以前所有种类的乐器全部囊括在内。另外，他们还看到了海顿的拨弦古钢琴、贝多芬1803年使用的钢琴、1839年出产的舒曼和勃拉姆斯用过的钢琴。

第7章

# 奥古斯丁教堂

　　走出国家图书馆，迎面便是一座哥特式的尖塔教堂。向导说："这是奥古斯丁教堂，是霍夫堡皇宫中最古老的建筑。1327年，腓特烈三世公爵下令建造教堂，1339年建成了奥古斯丁教堂。它起初并不属于皇宫，但因为邻近的皇宫不断扩展，渐渐将它围了进去。1634

年，它就成了皇家的宫廷教堂。"

多多说："原来是这样啊，怪不得与其他皇宫中的建筑比起来，它的外表显得那么朴素呢。"

一进入教堂的大门，多多又叫起来："真没想到，教堂里面竟然如此豪华，真是不可貌相呀！"

教堂非常高大，从高高的尖塔形的天花板上垂下来两排巨大的枝形吊灯。两边的墙壁以白色为主，靠墙排列着古色古香、褐色的几排木椅，这是人们观礼和做弥撒的地方。这一切使教堂显得非常庄严肃穆。

其中最引人注目的是位于右边侧廊的一些大理石的人物雕像，这些雕像大多低着头，显得十分悲伤，旁边有一个长方形的入口，外围用大理石建成了金字塔的形状。

向导说：“这是一个大理石金字塔墓，那些雕像是哀伤的送葬者。它是阿尔贝特公爵1805年为他的妻子玛丽亚·克丽斯汀而建的，玛丽亚·克丽斯汀是玛丽亚·特蕾西亚女皇最喜爱的女儿。不过，她的遗体并没有葬在这里，而是被埋葬在皇帝的墓地。”

在教堂里，他们还看到了两个古老的大管风琴。向导说它们在音乐界很有名气，因为在过去举行大弥撒的时候，莫扎特、海顿和舒伯特等曾在这里演奏他们的音乐，这两个大管风琴自然是其中的主角。现在，这里还经常有管弦乐队和唱诗班的表演。

　　在观看教堂时，米娜忽然问："既然它是宫廷教堂，皇室的一些婚礼是不是在这里举行呢？不知道茜茜公主的婚礼有没有在这里举行？"

　　"这里的确举行过很多皇室婚礼，"向导说，"茜茜公主和皇帝弗兰茨·约瑟夫的婚礼也是在这里举行的。此外，玛丽亚·特蕾西亚女王的婚礼、茜茜公主的儿子鲁道夫的婚礼都在这里举行，甚至法国皇帝拿破仑一世迎娶奥地利公主玛丽·露易丝的婚礼也在这里举行的。"

　　"嗯，这个教堂我喜欢。"米娜心满意足地说。

　　在教堂里，他们竟然看到了一个小墓穴，里面的架子上放着许多小罐，多种多样，有大有小。

　　"这是骨灰盒吗？"多多问。

向导回答说："不是。这里的小罐一共有54个，里面装的其实是哈布斯堡家族去世的王室成员的心脏。"

"啊！"多多等人都惊叫起来，"他们的心脏竟然被挖出来了，是挖心狂魔干的吗？"

"当然不是，哪个挖心狂魔有这么大的胆量，这么大的能耐？这是因为哈布斯堡王朝特别奇怪的葬礼：一具遗体要分三处埋葬，心脏放在奥古斯丁教堂，其他内脏放在施特凡教堂，尸骨则埋葬在卡普齐纳教堂的皇家墓穴里。在这些小罐中，其中有一个放的是拿破仑儿子的心脏，这位年轻人非常不幸，21岁就死于肺结核，在二战之前，他的尸骨被送还法国，心脏却永远留在了这里。"

走出教堂后，尽管还有一些地方没有去，但天已经晚了，而且路易斯大叔他们也非常疲惫，只好带着一丝遗憾离开了这里。

# 第8章

## 圣史蒂芬大教堂

  一听路易斯大叔说要去"维也纳之心"，多多和米娜便知道他们要去的是位于维也纳市中心的圣史蒂芬大教堂。它是维也纳的标志，不论站在维也纳的什么地方，都能看到大教堂那高耸入云的尖塔。能去这样的地方，他们自然都非常兴奋。

  在去往圣史蒂芬大教堂的路上，有一条特别繁华的商业街，那里

竖立着一个造型非常特别的纪念碑，最上面是一个金顶，下面则是灰色的。它并不像一般的纪念碑一样是规则的圆柱或方柱形，而是碑身上雕刻了许多突出的人物雕像，他们全都表情愁苦，有的人甚至身体扭曲，显得非常痛苦。在底座两侧，还有象征哈布斯堡王朝的金色双头鹰。

通过纪念碑上的文字，他们知道这是一个"鼠疫柱"。

路易斯大叔说："它是为了纪念在1679年流行的鼠疫中去世的那些人。当年的鼠疫几乎夺去了23万维也纳人的生命，面对这巨大的灾难，包括皇帝在内的所有人都束手无策。后来，奥地利皇帝利奥波特一世下令建造了这座鼠疫纪念柱。你们看，在它正面的中部，至高

无上的皇帝利奥波特一世摘下皇冠，单膝下跪，祈求上帝保佑他的臣民。在皇帝下面的雕像表示的是，在天使的指引下，圣人正在打倒化身女巫的鼠疫。"

在路易斯大叔的指点下，多多和米娜还看明白了碑身上描绘的"神创天地""鼠疫流行""最后的晚餐"等雕塑。

这条商业街的尽头就是那宏伟壮丽的圣史蒂芬大教堂。那高高耸立的尖塔、极其高大的教堂本身，以及外墙上那极其精美繁复的花纹，都显示着它的不凡。以灰黑色为主的色调，又突显出它的厚重。

看了大教堂的外观，多多忽然说："这个教堂好像融合了好几种建筑风格，这是怎么回事？"

"你观察得还挺仔细。"路易斯大叔说，"这得从它的历史说

起。大教堂已经有800多年的历史了，早在12世纪初期，巴本堡家族就在这里建造了一座教堂，模仿的是罗马风格。后来，在遭遇了两次大火后，重新建造成一座方殿形的教堂。14世纪，在哈布斯堡王朝的倡导下，又增加了哥特式风格的建筑，并渐渐形成了以哥特式风格为主的教堂，最终建成了这座全世界最著名的哥特式教堂之一。15～19世纪，教堂的改建和修缮从来没停止过。

"说起来，这座教堂非常幸运。维也纳曾经发生过多次战争，它却很少遭受战火波及。对它破坏最大的是1945年第二次世界大战的最后几天。在炮火袭击中，教堂起火，烧毁了教堂的屋顶、铜钟、管

风琴和大部分玻璃窗。1948—1962年，奥地利的9个联邦州开始共同
重修教堂，分别负责其中一部分的修复工作，将教堂修建得更加完
美。"

　　在从高大的大门进入大教堂时，他们发现有人在观看大门右侧的
石壁。他们也挤进去，却发现那石壁黑黝黝的，实在不知道人们在看
什么，多多便向其中的一个人询问。

　　那个人让他看石壁上面一组奇怪的数字"05"，然后说道："也
许你们觉得它很普通，但奥地利人却引以为豪。这组数字是在第二次
世界大战期间被刻在这里的。那时，德国法西斯占领奥地利后，希特
勒宣布德、奥合并，奥地利不复存在。奥地利人悲愤万分，有人便冒
着生命危险在这里刻下了这组数字。这组数字发人深省，表示奥地利

民族永存不息。人们默默传诵着这组数字，相互鼓舞，增强反法西斯的信心。"

"原来如此，"多多感慨道，"这是一组爱国的数字。"

走进教堂后，他们一下子就被折服了，因为里面的装饰实在是太精美、太富丽堂皇了！里面的光线有些昏暗，阳光从圣坛背后的两扇窗户照射进来，因为窗户上安装的是五彩缤纷的彩色玻璃，阳光似乎也变成了五彩的，给教堂增添了许多梦幻般的色彩。

地面上铺着白橙相间的棋盘状的大理石地板，光滑而整洁。高高的顶部是哥特式的尖形拱顶，由许多高大的石柱支撑着。这些石柱也被装饰得异常华美，上面雕刻了许多神话人物的浮雕和雕塑，还镶嵌着色彩鲜艳的壁画。在传教坛和主教堂等地方，也有许多精美的雕塑

和壁画，其中当然少不了耶稣和圣母等人物。每一个人物，每一个雕刻，都活灵活现，精巧绝伦。

其中比较特殊的是布道台上的雕塑。一个旅游团的导游正在向游客讲解："1515年，教堂的建筑师皮尔格拉姆在建造教堂时，不但将4个布道师的半身像雕刻在布道台上，还将自己的形象也雕刻在上面。大家看，布道台上部的就是布道师们，他们形象各异，但都似乎从窗口探出来半个身子，有的往上看，有的往旁边看，有的往前看。而在布道台底部，皮尔格拉姆巧妙地在这里开了一个窗口，他的雕像半倚在窗口上，手里还握着他心爱的雕刻刀。"

在教堂的一个角落，点了许多蜡烛，还有游人陆续将自己点燃的蜡烛放在那里，然后虔诚地许愿。路易斯大叔看到后，也买了几根蜡烛，分给多多和米娜，每个人都许下了自己的心愿。

接着，他们从教堂正堂左侧一个入口沿阶梯进入了教堂的地下室，里面阴森森的，因为这是一个庞大的墓穴。与霍夫堡皇宫的奥古斯特教堂一样，这里也有一些年代久远的小罐子，里面存放着哈布斯堡王朝大部分皇帝的内脏。另外，这里还存放着好几千人的尸骨，多多听说后感到头皮发麻，米娜更是吓得浑身发抖。路易斯大叔见此情形，忙带着多多和米娜往外走。

走出地下室，站在温暖的阳光下，米娜惊魂初定，问道：

"天哪，为什么那里有那多么白骨？"

"那是在1679年维也纳鼠疫大流行时死去的人们。"路易斯大叔说。

这时，他们都想起了刚才看到的鼠疫柱。看来，鼠疫所带给人们的深重灾难依然深深地刻在人们的心头。

大教堂有两座高塔，位于左边较高的是南塔，位于右边圆顶的是北塔。这两个塔都可以乘电梯上去，也可以从塔楼内狭窄的、螺旋式的阶梯爬上去。路易斯大叔他们决定先去南塔，本打算沿阶梯爬上去，可是一听到这个尖塔高137米，共有343级台阶，于是立即改变了主意。

　　当他们乘电梯登上塔顶，俯瞰维也纳全城，顿时产生了"一览众山小"的感觉。周围的建筑似乎都变成了"小矮人"，被他们踩在了脚下。而此时，他们终于看清了教堂的顶部。他们全都瞪大了眼睛，露出不可置信的眼神。

　　教堂的顶部同样极其精美，盖的是黄、绿、黑等颜色的瓦片，组成了波浪纹的形状，中间还用这些瓦片组成了两个双头鹰的图案。

　　看着那密密麻麻的瓦片，米娜不禁问："天哪，这得多少瓦片呀？"

　　"一共是23万片！"旁边的管理人员说。

　　"如此多的瓦片，一片片地贴上去，还要组成图案，这工程可不是一般的浩大！"路易斯大叔也发出了感叹。

由南塔下来，他们又登上了北塔。在北塔的钟楼里有一座巨大的铜钟，将近两人高，挂在一个坚固的支架上。

"这个铜钟重达20吨，是欧洲大陆上的第二大钟。"路易斯大叔说，"1683年，奥地利人打败了土耳其军队，用缴获的枪炮浇铸了这座大钟。在二战中的那场大火中，大钟掉落到地上，摔得粉碎。战后，人们将碎片收集起来，按原样重新浇铸成这口大钟。平时是不能随便敲响它的，只有在每年新旧交替的那个时刻它才会被敲响。那时，成千上万的维也纳人会聚集在教堂前的广场上，聆听那浑厚而悠扬的钟声，并庆贺新年的到来。"

# 第9章

# 百水大师的奇怪之美

　　这一天，路易斯大叔告诉米娜和多多，要带他们去一个原本应该存在于童话里的世界，可不管他们怎么问，路易斯大叔都不肯说出那神秘的地方到底是哪里。

　　向导带着他们向维也纳市区的东部走去。一路上，多多和米娜好奇地东张西望，迫切地想看到那奇异的童话世界。

　　他们来到一条小街上，看到一处住宅楼前挤满了游人，大家都在

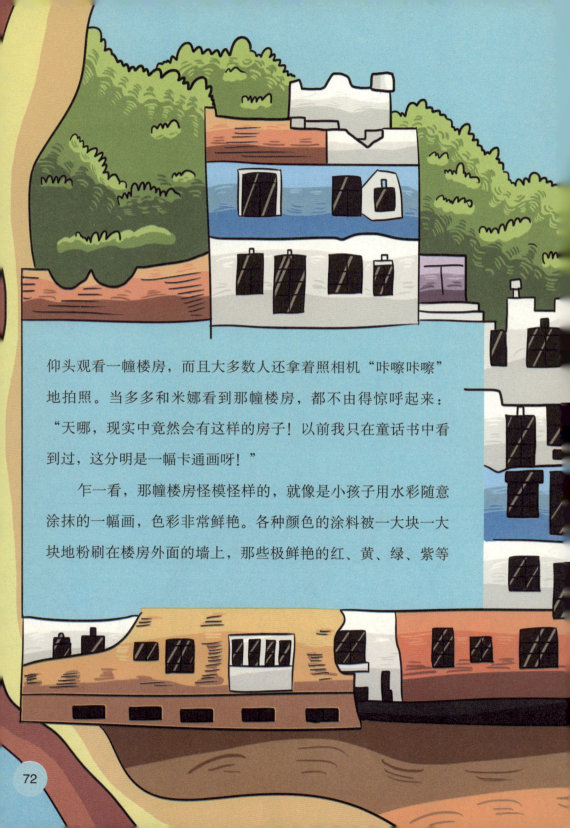

仰头观看一幢楼房，而且大多数人还拿着照相机"咔嚓咔嚓"地拍照。当多多和米娜看到那幢楼房，都不由得惊呼起来："天哪，现实中竟然会有这样的房子！以前我只在童话书中看到过，这分明是一幅卡通画呀！"

乍一看，那幢楼房怪模怪样的，就像是小孩子用水彩随意涂抹的一幅画，色彩非常鲜艳。各种颜色的涂料被一大块一大块地粉刷在楼房外面的墙上，那些极鲜艳的红、黄、绿、紫等大块的颜色随意地拼接在一起，五彩缤纷。每个色块之间，都用深色的线条分割开，这些线条横不平、竖不直，全都是弯弯曲曲的。还有的地方似乎被忘记涂色了，墙上的砖头、瓦片、灰泥全都裸露着。

　　除了颜色奇怪，楼房的样子也很奇怪。楼房高处大约有10层，低处则只有3层，楼层的高度并不一样；那洋葱头式的楼顶，似乎给楼房戴上一顶金色的洋葱帽；那些色块中间的窗户有大有小，高低不平，形状各异；多多和米娜找了半天，竟然没找到样子相同

的窗户。阳台也是参差错落，各不相同，有的与墙面平齐，有的又陡然突出；楼房底层的柱子，同样怪模怪样，有的居然像是歪斜的保龄球。围墙则是波浪形的。总而言之，整幢楼房几乎没有直线，满眼都是各不相同的曲线。

楼房的外墙上挂着爬墙虎之类的爬藤植物并不奇怪，阳台上种花养草也很正常。令人称奇的是，这幢楼房屋顶，各层阳台和窗户内竟然钻出一棵棵绿树来。这些绿树、花草等植物让楼房显得生机盎然，异常可爱。

在楼房前面有一个造型奇特的喷泉，色彩同样非常鲜艳。

在多多和米娜眼中，这幢楼房的样子非常奇怪，却又美丽之极，

充满了童趣，让他们感觉自由自在，无拘无束。

"我从来没见过如此奇特而又美丽的房子"多多说，"这是什么人建造的啊？"

路易斯大叔说："这就是著名的'百水屋'，但凡来维也纳旅游的人，绝对少不了来'百水屋'一看。它的设计师是奥地利著名的艺术家和建筑设计师——百水大师。1928年，他出生在维也纳的一个犹太人家庭。他从小生活在工厂区，那里除了黑色和灰色，很少见到其他颜色，这压抑的环境深深地刺激了他。长大后，他在创作中都会使用鲜艳明亮的色彩，以遮盖儿时的记忆，里面充满了天真和快乐。另外，他十分排斥直线和刻板，讨厌规则和对称，这一切都体现在了他

设计的建筑里。百水屋建造于1983—1986年，那时百水大师已经50多岁了，却依然拥有天马行空的想象力。"

"百水大师在建造房子时也非常另类，"向导接着说，"他鼓励工人充分发挥自己的想象力和创造力，在很多镶嵌的地方允许工人自己创作。他甚至鼓励工人丢掉测量仪、量角器等传统的测量工具，一切靠手工制作。"

"我很奇怪，他怎么能在楼房中种树？"米娜问。

向导说："为了种这些树，可用了不少土呢，大约有900吨。整幢楼里种植大约250棵树才能如此茂盛。"

"外表这么奇特的房子，里面是什么样的呢？"米娜一脸向往的神色，"我们能进去看看吗？"

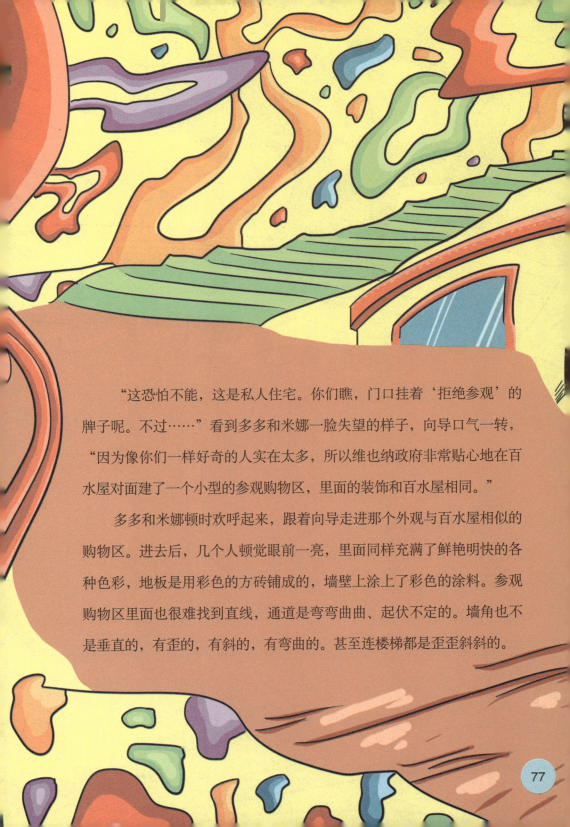

　　"这恐怕不能，这是私人住宅。你们瞧，门口挂着'拒绝参观'的牌子呢。不过……"看到多多和米娜一脸失望的样子，向导口气一转，"因为像你们一样好奇的人实在太多，所以维也纳政府非常贴心地在百水屋对面建了一个小型的参观购物区，里面的装饰和百水屋相同。"

　　多多和米娜顿时欢呼起来，跟着向导走进那个外观与百水屋相似的购物区。进去后，几个人顿觉眼前一亮，里面同样充满了鲜艳明快的各种色彩，地板是用彩色的方砖铺成的，墙壁上涂上了彩色的涂料。参观购物区里面也很难找到直线，通道是弯弯曲曲、起伏不定的。墙角也不是垂直的，有歪的，有斜的，有弯曲的。甚至连楼梯都是歪歪斜斜的。

    在一楼的中央有一个形状不规则的吧台。路易斯大叔他们每人要了一杯饮料，坐在那里饮用。他们惊讶地发现，台面上竟然有水流过。一楼的四周是餐厅和商铺，它们的装饰都不相同，餐厅里的每一张桌椅都不一样，商铺里卖的东西也大多有百水大师的风格。

    购物区的二楼和三楼陈列着百水大师各个时期的画作，还有很多他创作时的珍贵照片。其中有一幅画吸引了多多，这幅画分成两部分，一部分几乎涂满了深蓝色，像很多水正在蒸发到天上；另一部分是从天上往下落的很多雨滴，雨滴中全都裹着礼物，色彩缤纷。

    多多说："我发现百水大师的很多作品都画了水，他一定很喜欢水吧？"

"你说得太对了。"路易斯大叔说，"百水大师原来的名字是登斯莱希·洪德特瓦瑟，因为对水极端推崇和喜爱，认为水是一切生命的源泉，所以把自己的名字改成了'百水'。他尤其喜欢雨水，他曾说过：'每滴雨水都是上天的礼物。'这幅画表现的正是这种思想。"

　　"路易斯大叔，你来看看这幅画。"米娜忽然喊道。

　　米娜说的这幅画，上面画了许多圆圈，而且每个圆圈都有好几层，涂有不同的鲜艳的颜色。米娜说："百水大叔好像很喜欢画圆圈，这幅画最明显了，他可真像个小孩子。"

　　路易斯大叔说："其实他是在表达一种很重要的环保观念。他认为人有5层'皮肤'：第一层是身体真正的皮肤，第二层是人们穿的衣服，第三层是住的房子，第四层是周围的大环境，第五层是整个

地球。他认为人类必须保护地球，人与大自然应该和谐相处。他的这些理念，都体现在他设计的建筑中。"

当大家准备离开时，向导提议："你们还应该去一趟厕所。"

"我们又不想上厕所……干吗要去厕所？"多多不解地问。

"去吧，你们一定不会后悔的。"向导劝道。

于是，他们沿着不平整、不规则、铺着彩色马赛克碎片的楼梯往下走。走到厕所所在的地下一层时，首先映入他们眼帘的是一个小水池。水池的形状像一条鱼，铺着彩色的瓷砖，里面有清水，水中放着几块大小不一的石头。中间的石头最大，像台阶一样。水池的左侧是女厕所，右侧是男厕所，中间的壁画是百水屋的外景。

　　厕所门前竖着一个投币的机器，要想进厕所，得先投进去0.6欧元。这样的厕所，观赏功能一定大于实际使用功能。

　　厕所里面的颜色依旧鲜艳，随意的色块与不规则的线条组合在一起，让路易斯大叔等人不禁震惊。

　　当他们站在洗手池前，看到用彩色边框围起来的玻璃，才发现这些玻璃竟然都是破碎的，没有一块是完整的。

　　观赏完独特的厕所后，他们走出了这个与众不同的购物区。在前往下一个目的地前，米娜一脸向往地望着百水屋，说："住在那童话般的房子里的人一定很幸福，一定像生活在梦中一样。"

　　"好了，别做梦了！"多多说道，"我们还要去下一个地方呢，向导说了，那里也是非常奇特而美丽的哟！"

　　很快，他们来到多瑙河河畔，看到一幢五彩缤纷的大楼，洋葱

形的金顶闪闪发光，装饰的线条弯弯曲曲的，无论从哪个角度看，整幢大楼都像东倒西歪一样。大家一看就知道，这又是一座百水大师风格的建筑。

"你们猜，这个建筑是干什么的？"向导神秘兮兮地问。

"是旋转餐厅！"多多抢先说。

"也许是购物中心，要不就是艺术馆，还可能是人们住的公寓。"米娜一下子说了好几个答案。

"你们说的都不对，"向导笑起来，"这里其实是一个垃圾处理站。"

"啊？"这下连路易斯大叔也惊叫起来。因为这与人们印象中臭气熏天、又脏又乱的垃圾处理站完全不同，它没有一丝异味，干净而整洁，更像是童话中的城堡。

"这个垃圾处理站的大门前有两根门柱，似乎是由金色、红色、

绿色等颜色的圆球摞在一起组成的；外面的墙壁上有一些大小不一的、不规则的"窗户"，仔细一看，那只是图画而已，真正的窗户被镶嵌在色彩斑斓的红苹果、蓝剪刀等图案之中，显得富有生机和童趣；外墙上还画了许多红色的大草莓、大苹果以及黄色的柑橘和蓝色的水滴等可爱的图案；阳台在绿树的掩映下，显得生机勃勃。

楼顶的中间高高耸立着一根圆柱子，圆柱顶部有一个金色大圆球，大圆球顶端又有一个小一点的圆球，这并不是装饰，而是垃圾焚化炉的烟囱，现在正在冒烟呢。

向导说："原来令人讨厌的垃圾处理站之所以能变成人见人爱的旅游景点，全靠百水大师对环保的坚持。1988年，维也纳市政府决定对原有的垃圾处理站进行改造。当时的市长请他的好友百水大师担任设计师时，百水大师以环保为由一口拒绝，但是经市长再三请求

后，他决定借此机会为环保尽一份力。他表示，如果政府改善垃圾处理站的排污系统，并将处理站的能源转化为热能供给市民，他就愿意对处理站进行大改造，而且分文不收。4年后，这个童话般的世界诞生了。

"现在，这个垃圾处理站可以处理维也纳1/3的垃圾，每天24小时运转。同时，它还是一个发电厂，焚烧垃圾时产生的热能被用来发电，发电量可以供19万户维也纳人使用。"

米娜羡慕地说："这里既没有臭味，也没有噪音，真是环保啊！这真值得其他国家学习！"

# 环境保护

　　近年来，全球范围内的环境污染和破坏都十分严重，引起了很多人的重视，不但政府部门制定了法律法规，民间也有自发的环保组织等，要求保护环境，合理地利用自然资源。环境保护涉及的范围很广：有对自然环境的保护，也就是对蓝天、绿水、青山、大海的保护；有对生物的保护，提倡与动植物和谐共处，不能随便伤害它们；有对人类生活环境的保护，包括人们的衣、食、住、行等方面，要符合科学、卫生、健康和绿色的要求。

# 第10章

# 奥地利的"圆明园"

"你们知道奥地利也有一个'圆明园'吗？"路易斯大叔这天早晨收拾完后，问米娜和多多。

两个孩子摇摇头。"路易斯大叔，你快给我们讲讲吧，它和北京的圆明园一样吗？"米娜迫不及待地问道。

路易斯大叔笑笑说："肯定不一样啊。奥地利的'圆明园'指的

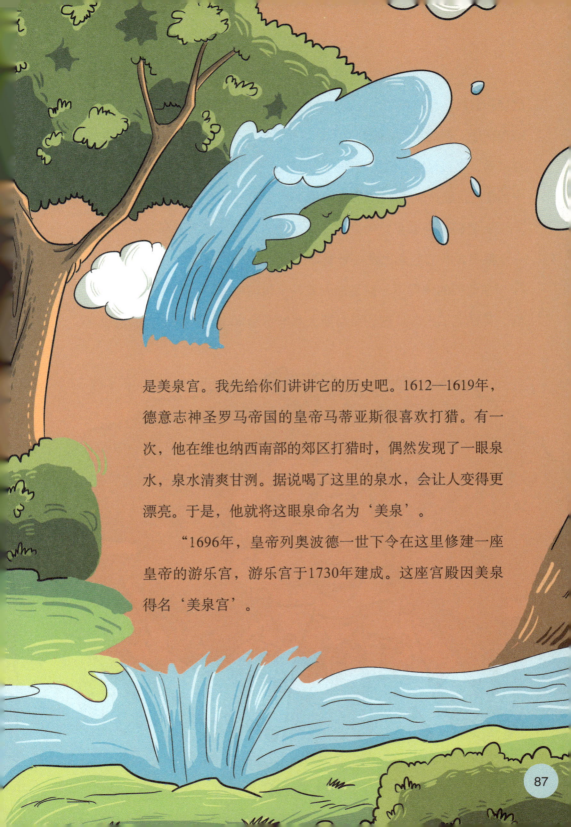

是美泉宫。我先给你们讲讲它的历史吧。1612—1619年，德意志神圣罗马帝国的皇帝马蒂亚斯很喜欢打猎。有一次，他在维也纳西南部的郊区打猎时，偶然发现了一眼泉水，泉水清爽甘冽。据说喝了这里的泉水，会让人变得更漂亮。于是，他就将这眼泉命名为'美泉'。

"1696年，皇帝列奥波德一世下令在这里修建一座皇帝的游乐宫，游乐宫于1730年建成。这座宫殿因美泉得名'美泉宫'。

"1743年，玛丽亚·特蕾西亚女皇下令对美泉宫进行了大规模的改建和装修，风格典雅、装饰豪华的宫殿拔地而起。从此，美泉宫成了哈布斯堡王朝的夏宫，每到夏季，这里就成了帝国的政治中心。从这一点来看，它很像中国清代时期的圆明园。弗兰茨·约瑟夫皇帝和茜茜公主都曾在这里长期居住。现在，美泉宫已经被列为世界文化遗产。"

听完路易斯大叔对美泉宫的介绍，多多和米娜都喊起来："那里一定很美，我们赶紧出发去看看吧。"

在他们的催促下，路易斯大叔甚至没能吃完早餐，便被推出了旅馆，又推上了汽车，这让路易斯大叔非常后悔，竟然没吃完饭就说起

美泉宫!

　　很快，他们就来到了美泉宫的大门前。那是一个镂空的、具有美丽的花形图案的大铁门，铁门两边高高耸立着两根方形的柱子，顶端各有一只展翅高飞的金色雄鹰。

　　从铁门外面便能看到那雄伟壮丽的皇家宫殿。宫殿正面的墙壁上被涂上了黄色，顶部则是橙红色。外面的墙壁上有一排排拱形以及方形的窗户。只看外观，便尽显皇家的威严和气派。

　　路易斯大叔边走边说："美泉宫一共有1441个房间，但对外开放的只有二楼的39间。"

他们走进宫殿后，首先看到的是一条大长廊。整条长廊以金色和黄色为主。天花板中间悬挂着巨型的豪华吊灯；两边的墙壁上则装着许多小型的枝形灯，被装饰得豪华精美。墙壁上挂着哈布斯堡王朝历代皇帝以及玛丽亚·特蕾西亚女王16个儿女的肖像画。路易斯大叔指着其中一幅非常漂亮的少女画像说："她是玛丽亚·特蕾西亚女王的第15个孩子，是最小、最受宠的女儿，名叫玛丽·安托瓦内特，是法国国王路易十六的妻子，也是法国历史上有名的'赤字皇后'。她的生活极其奢华铺张。1793年10月16日，她与路易十六一起被送上了断头台。"

宫殿里的房间大都装饰得非常豪华，有巨型的水晶吊灯、精美的浮雕、色彩艳丽的油画、古色古香的家具等。在这些房间中，比较有特色的有：

桃木厅，房间的装饰多使用昂贵的桃木，一片片镀金的桃木被镶嵌在墙架上，还有镀金的、华丽精巧的装饰物，使整个房间洋溢着温暖的气息。房间里还有一些精雕细刻的柜子和由48个支架组成的水晶灯，使房间显得富贵庄严。弗兰茨·约瑟夫皇帝常在这里接见客人，每周的星期一和星期四，帝国的臣民也可以来这里求见皇帝。据说这位皇帝记忆力惊人，能清清楚楚地记得每个来访者的名字和样貌。

皇帝工作厅十分简洁，只有几件简单的家具，显得很空旷。墙壁

上挂着弗兰茨·约瑟夫皇帝及其家人的油画，中间两幅巨大的画像是他和茜茜公主。这位勤政爱民的皇帝大部分时间都待在这里处理国家公务，据说每天早上5点他就开始工作。

皇帝的卧室与工作厅布置得差不多，只是多了一些装饰，基本上都是家人的画像，可见这位皇帝非常重视他的家人。房里有一张简易的铁床，1916年11月21日，弗兰茨·约瑟夫就是在这张床上去世的。

皇后的居室，这是茜茜公主的居室，与皇帝的卧室相邻，装饰得非常豪华。在这里，茜茜公主留下了大量书信、日记和诗歌。居室的写字间有一副悬梯，可以让爱好自由的皇后在不惊动侍卫的情况下偷偷离开宫殿。

蓝色中国沙龙，因中国的蓝白色瓷器而得名，但奇怪的是这里并

没有中国瓷器，因为在当时，就连尊贵的皇帝也不能随心所欲地获得中国瓷器，所以他们只能用213块白底蓝色的绘画挂在墙上，以模仿中国瓷器。这些绘画，有许多是玛丽亚·特蕾西亚女皇的子女画的。据说，这位女王非常喜欢中国文化，还曾经和亲友一起在宫廷里上演中国的传统大戏。

礼仪大厅是皇帝举行婚礼、洗礼和庆典的地方。大厅中最引人注目的是一幅巨大的油画，画的是皇家举行的一次盛大的音乐会。著名画家梅顿用了好几年的时间才完成这幅画。有意思的是，在这幅画的一个角落，梅顿还将当时并不在场的莫扎特也加入到了观众之中。因为女皇非常喜欢这位音乐神童，曾让他在美泉宫为皇室演出，梅顿这是为了迎合女皇的喜好。

百万大厅，一听它的名字，就知道它是美泉宫中最昂贵的房间。四周的墙壁镶嵌着珍贵的玫瑰根木，还挂着17世纪印度和波斯的细密画，描绘的是16、17世纪印度莫古尔王朝统治者的生活场景。这些细密画都用华丽的镀金画框固定着。为了让这些细密画适合形状各异的画框，女皇的孩子们做了许多工作，他们将图画剪开，再重新组合拼凑成新的图形。可惜的是，因为这些细密画过于珍贵脆弱，真品都被精心保护起来，大厅里除了天花板以外，都被遮盖住了，人们看到的只是复原墙纸。

夏季居室，这是女皇最喜欢的房间。房间的墙壁上画满了壁画，充满了热带风情，各种热带的植物蜿蜒生长，形态各异的动物栩栩如生，让人们犹如身处热带雨林之中。

# 第11章

# 绝美的大花园

"路易斯大叔，这个皇宫真的太气派了……"走出宫殿，多多忍不住赞叹道。

"我最喜欢那个夏季居室了，看起来很美呀！"米娜说道。

路易斯大叔听到他们两个人的话后，笑着说："别急，还有更美

的地方呢，现在我们去宫殿背后的大花园看看吧。"

一到那里，他们就马上被那壮观而美丽的景色倾倒了。

这个花园规模巨大。路易斯大叔介绍说，它的占地面积达2平方千米，是一个典型的法式园林。花园的广场和道路都用碎石子铺成，那些花坛和草坪被规划成对称式的，格局优雅，里面花草都经过精雕细琢，十分美观。花坛和草坪的外围种着许多高大的树木，被修剪成一面面绿墙。

花园里有两条通向外面的大路，一条大路两旁的绿树被修剪成笔直的绿墙，另一条大路两旁的绿树则被修剪成漂亮的弧形，既美观又富有创意。

在道路两旁，竖立着许多古希腊神话中的人物雕像，都是用白色的大理石雕刻而成的，非常精美。

在花园的尽头，是一座美丽的喷泉，碧绿清澈的水池中央是一组精美、典雅的白色大理石雕像。

路易斯大叔介绍说："它叫作海神喷泉，表现的是古希腊神话中，阿喀琉斯的母亲忒提斯向海神波塞冬祈祷，保佑儿子在海航中能一路平安的主题。1770年，玛丽亚·特蕾西亚女王下令重新修建宫殿花园，海神喷泉在1776年开始动工修建，直到4年后才完成，那时女王刚刚去世不久。"

　　海神波塞冬是希腊神话中三主神之一，只见他手持三叉戟站在群雕的中央，面前跪着的是忒提斯；左边是坐在石头上、向上仰望的水泽女神；阿喀琉斯骑在海马上；鱼尾人身的小海神特莱登正手持缰绳，控制海马。

　　所有的雕像都非常精美，每个人物的肢体动作和面部表情都刻画得惟妙惟肖，甚至连海马背上的鬃毛和鱼尾上的鳞片，都被一丝不苟地雕刻了出来。

　　海神喷泉的雕像与远处的宫殿遥遥相望，并与身后的绿林相互映衬，看起来是那么美丽而和谐。

　　从海神喷泉沿林荫道向东，便可以看到那赫赫有名的"美泉"。但从外观来看，它真的很不起眼。

　　在美泉对面，是一片人造的罗马废墟和一座纪念玛丽亚·特蕾西

亚的方尖碑喷泉。路易斯大叔看着那如一柄插入云霄的利剑一样的方尖碑说："这应该是古埃及流行的风格呀。"

而米娜看到外形酷似一只大乌龟的岩洞山，顿时喊起来："天啊，这太有中国味了。"

岩洞山两侧是众位河神的雕像，"大乌龟"的头堆砌成人头的样子，喷泉水不停地从它张大的嘴里涌出来，形成一个小瀑布，落入下面的水池。

"如此构思真是巧妙！"多多说。

他们沿着喷泉旁边的"之"字小路，慢慢地往山坡爬去。山坡上是郁郁葱葱的草地，许多游人在上面游玩，有的坐着，有的躺着，有的在悠然散步，尽情享受眼前的美景。当他们气喘吁吁地爬到山顶，终于可以近距离地观看矗立在那里的凯旋门了。

　　路易斯大叔说：“凯旋门是玛丽亚·特蕾西亚女王的儿子约瑟夫二世下令修建的，用来纪念女王在1775年战胜普鲁士军队，这场战争使哈布斯堡王朝重新控制了布拉格。它比海神喷泉早一年完成。”

　　凯旋门是一个廊柱式的建筑，其中有许多廊柱。中部是最高的凯旋门门拱，两边各有4个相连的拱门。凯旋门底部的中央是一只雄鹰，嘴上衔着金色的桂冠，两爪分别握着权杖和宝剑，象征着皇权的尊贵和英勇善战。雄鹰两翅展开，昂然站立在地球上，居高临下地傲

视天下，其姿态凛然生威，颇有称霸世界的气势，可以想象得到当年哈布斯堡王朝在欧洲称霸一时的威风。

凯旋门的两侧各有一组武士雕像，铠甲的样式很像古罗马斗士。武士的铠甲、头盔和盾牌，以及身前的狮子都雕刻得细致入微。

在凯旋门前的草地上有一方小水池，虽然不深，但池水清澈，可以映出凯旋门的倒影。一群野鸭在水中欢

快地游动，好一幅"蓝天、碧水、城门、绿草、野鸭"的优美景色。

　　看到如此美景，再加上三个人都有点累了，于是都不由得停下脚步，坐在草地上。明媚的阳光，和煦的微风，散发淡淡清香的青草，无不令人感到宁静、安详。因为凯旋门处在美泉宫最高的位置，所以坐在这里可以看到整个美泉宫，那淡黄色的宫殿更显华丽。转过身来，便能俯瞰维也纳市区，那层层叠叠的古城，一览无遗地展现在他们面前，充满了沧桑的韵味。面对这如诗如画的美景，他们又怎能不陶醉其中呢？

# 细密画

细密画是一门很重要的波斯艺术，画幅一般比较小，内容被刻画得非常精细，所画的对象多是人物肖像、风景等，也有风俗故事。细密画一般画在羊皮纸、草纸上，或是书籍封面的象牙板、木板上。画画时，大多使用矿物质的颜料，比如珍珠、蓝宝石磨成的粉。

细密画最早出现在2000年前的古埃及。公元前16世纪，在法老的陪葬品中曾发现过用细密画所做的书籍插图。古代希腊和罗马时期，细密画已经很流行。中世纪，欧洲也出现了细密画。

# 第12章

## 音乐神童的故乡

　　这一天，路易斯大叔带着两个孩子来到了位于奥地利西北部的一座山城——萨尔茨堡。它是奥地利历史最悠久的一座城市，原先属于萨尔斯堡侯爵大主教的领地，到1805年才并入奥地利的版图。美丽的萨尔茨河从这座城市流过，两岸各有一座山头，城里的所有建筑都依据地形而建，富有层次感。

　　萨尔茨堡有不少古老而辉煌的建筑，但最吸引人的，还是因为

它是音乐神童莫扎特的故乡。像很多游人一样，路易斯大叔他们也是因为莫扎特才来到这里。这是一个飘荡着音乐的城市，当他们在萨尔茨堡的大街小巷行走时，一路上都能听到音乐，而且大多与莫扎特有关。所以他们对萨尔茨堡的观赏，首先从莫扎特的故居开始。

在当地人的热情指引下，他们来到盖特莱德街。这里是萨尔茨堡最著名的步行街，1756年1月27日，莫扎特就出生在这条街的9号建筑。这条街的两旁都是风格各异的店铺，店面整洁，里面摆满了琳琅满目的商品，橱窗上写着莫扎特的名言或莫扎特研究者的语录。商店的招牌也非常有特色，大多数是古典的铁制镂花招牌，花纹非常漂亮。在这里，典雅与浪漫都尽情地显露。

　　让他们感到惊奇的是店铺中的商品几乎都与莫扎特有关：用印着莫扎特头像的包装纸包着的小提琴形状的巧克力，莫扎特的小塑像，莫扎特蛋糕，还有莫扎特香肠、莫扎特啤酒、莫扎特短裤、莫扎特内衣……多多忍不住说道："这里到处都是'莫扎特'呀！"

　　他们终于走到了盖特莱德街9号，这里有一座黄色的六层楼房，外观非常普通，却有很多人在这里驻足仰望。在3层和4层之间的外墙上，镶着一行很大的白色艺术字：莫扎特出生处。6层上垂下来一面长长的奥地利国旗，一直垂到二楼。楼房的入口是一个拱形大门，门旁刻着"莫扎特博物馆"6个大字，门的顶端则有一个莫扎特的头像浮雕。

路易斯大叔说："1747年，莫扎特的父亲雷欧波德·莫扎特租下了这个楼房第4层的几个房间。小莫扎特在这里度过了他的童年，并在父亲的指导下勤学苦练，为以后的音乐创作打下了坚实的基础。"

他们走进4层的展览区，首先看到的是中间的卧室，里面摆着一张婴儿床，床上直挺挺地躺着一个玩具娃娃。米娜悄悄地对多多说："布置这个展厅的人一定是想说明，一代音乐天才就出生在这个房间。"

临街的是一间起居室，面积比较大，里面除了简单的桌椅等家具，还摆放着一架老式钢琴。钢琴上放着一只小狗的纸板模型，旁边站着莫扎特姐姐南内尔的纸板模型。这里还陈列着莫扎特在幼年时期使用过的小提琴，以及他的一些亲笔信件。

在另一间房里，墙壁上挂了一些莫扎特与家人的肖像画，都被装在玻璃制的画框里，有人说这些画像都是真迹。

它隔壁的房间陈列的展品大多是莫扎特的一些私人用品，包括钱包、烟盒等，还有不少莫扎特的金黄色头发，被系成一小束一小束的，分别收藏在小盒子里，盒子上有文字说明头发来自不同的收藏者。路易斯大叔说："据说莫扎特去世后，他的妻子曾保留了一些他的头发，用来赠送给朋友。"

博物馆的2层和3层陈列着许多莫扎特的乐谱手稿，其中有一份他6岁时创作的乐谱。那些手稿的纸质已有些泛黄，全都被珍藏在玻璃橱窗里。

　　离开这个博物馆，他们很快就走到了不远处的莫扎特大街，这里有一个莫扎特广场。广场中央的一个小花坛里，高高竖立着这位伟大音乐家的全身铜像。他站在高高的白色大理石基座上，身穿18世纪的紧身上衣，披着斗篷，右手拿着一支长笔，头微微抬起望向远方，姿态十分潇洒。

　　从广场出来，他们走向萨尔茨河对岸，来到一所不起眼的楼房前面。因为他们听当地人说，这里是莫扎特的另一所故居，如今也是一个展览馆。通过展览馆里工作人员的介绍，他们又了解了一些莫扎特的历史：

　　1773—1780年，莫扎特担任萨尔茨堡主教的乐师，当时他就住在这里的一楼。莫扎特在这所房子中创作了150多部作品。这个故居也

被称为"舞蹈家楼房"。当年，莫扎特不仅在这里教人跳舞，还向年轻的贵族传授宫廷生活礼仪。后来，因为不满主教对自己的控制和束缚，莫扎特与主教决裂，移居去了维也纳。

1944年10月16日，这所房子在二战的炮火中被炸弹击中，有2/3被炸毁。1955年，莫扎特基金会将其中的"舞蹈家大厅"买下，改成博物馆。1985年，莫扎特基金会又将房子的其余部分买下来，并按照原样重建。这就是人们现在看到的房子。

舞蹈家大厅呈长方形，里面的摆设很少，墙上挂了几幅莫扎特的油画。地上铺着黄色的地板，墙壁和天花板都是白色的，上面只装饰着简单的花纹。天花板上垂下来两盏吊灯。阳光从几扇窗户照射进来，使大厅显得特别宽敞明亮。

大厅里陈列着一架莫扎特使用过的老钢琴，样子古朴而简单，上面的黑白键盘也与现在的有所不同。

"这样的老钢琴还能不能弹呢？"多多忍不住问，"弹出来的声音好听吗？"

旁边的一位管理人员听到他的话，笑着说："当然能弹，而且它的音色依旧清脆悠扬，独一无二。当有外国元首来参观时，会有专门的乐师用它来演奏，有时也会特别允许客人弹上一曲。"

大厅的玻璃橱窗里还陈列着一些莫扎特的乐谱原稿，以及他的姐姐南内尔的一份日记，日记旁还放着古老的鹅毛笔和墨水瓶。

当三个人从这里的博物馆走出来后，多多感慨地说："萨尔茨堡人对莫扎特真是太喜爱、太尊崇了，城市里的每一个角落都能看到莫扎特的影子。他一定感到很幸福吧。"

　　"莫扎特的一生非常不幸。"路易斯大叔说，"他享有盛名其实是去世后的事情。虽然他在生前因为杰出的音乐才华受到许多皇室贵族的喜欢，但始终在为谋求一个好的职位四处奔波，生活贫困潦倒，还要与疾病作斗争，35岁时便英年早逝。据说他去世那天，大雨滂沱，遗体被草草地埋葬在维也纳的一处穷人墓地中，至今无人知道他到底被埋在了什么地方。"

　　多多和米娜听了，都不由得伤心起来。

## 第13章

# 欧洲文化之都

　　格拉茨是奥地利的第二大城市，距离维也纳只有200千米。它既是欧洲的文化之都，同时还被列入"世界文化遗产"。

像许多欧洲的古老城市一样，为了既能保护历史遗迹，又能进行城市的现代化建设，格拉茨也将城市分为老城区和新城区。在老城区内，紧挨着那些古老的建筑，城堡山拔地而起，这座山是格拉茨的最高点，登上它就能俯瞰城市全景。

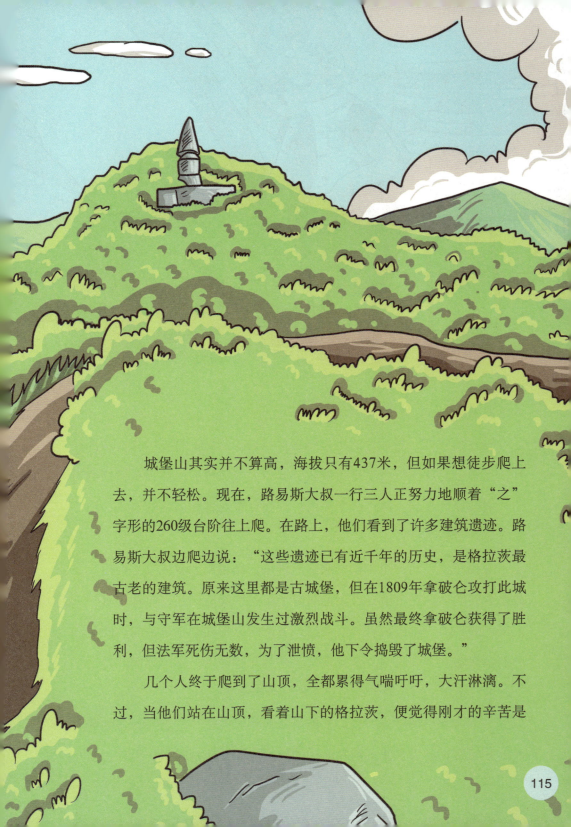

　　城堡山其实并不算高，海拔只有437米，但如果想徒步爬上去，并不轻松。现在，路易斯大叔一行三人正努力地顺着"之"字形的260级台阶往上爬。在路上，他们看到了许多建筑遗迹。路易斯大叔边爬边说："这些遗迹已有近千年的历史，是格拉茨最古老的建筑。原来这里都是古城堡，但在1809年拿破仑攻打此城时，与守军在城堡山发生过激烈战斗。虽然最终拿破仑获得了胜利，但法军死伤无数，为了泄愤，他下令捣毁了城堡。"

　　几个人终于爬到了山顶，全都累得气喘吁吁，大汗淋漓。不过，当他们站在山顶，看着山下的格拉茨，便觉得刚才的辛苦是

非常值得的。

穆尔河犹如一条蓝色的玉带蜿蜒穿过格拉茨城，将城区分成两部分，东岸是老城区，西岸是新城区。城内大多数楼房的房顶是橘红色的，墙壁是黄色的，颜色鲜艳亮丽，其间点缀着各种风格的建筑，错落有致，多姿多彩。

在山顶上，有一个木制的硕大时钟塔。路易斯大叔说它是格拉茨最显著的地标，在市中心，无论从哪个角度都能看到它。时钟塔有一个褐色的尖顶，好像戴着一顶尖帽，下面的方形柱子是黄色的，四周分别镶嵌着一个大时钟。米娜观察了一会儿时钟后，不解地问："这个时钟好奇怪，短的时针怎么比长的分针走得还快？"

"其实那长的才是时针，"路易斯大叔笑着说，"这与普通的钟表正好相反，是为了使人们在遥远的地方也能看清楚时间。另外，当

初在设计时钟的时候只有时针，后来才加上了分针。"

"当，当……"时钟突然敲响了。

"哦，7点了。"多多看着时钟上的时间说，"咦，这钟声应该早就超过7下了，怎么还在敲？哇……好几十下了吧，还不停止！"

"哈哈，很奇怪吧，它要一直敲101下呢，"路易斯大叔说，"这个大钟每天只敲响3次，分别在7点、12点和17点，每次都要敲101下，这是在告诉人们，它是由101枚炮弹铸造而成的。"

在时钟塔旁边，矗立着一个外形完全一样的木塔，就像时钟塔的黑色影子，非常别致有趣。

离开城堡山，路易斯大叔他们便前往老城区参观，来到一个外面全是蓝色玻璃的建筑跟前。这个建筑外形扭曲，十分奇特。

"我在城堡山时看到过这个建筑，"多多说，"它在众多红屋顶中特别显眼，顶上还有很多突起的柱子一样的东西，很像一条巨大的毛毛虫，那时我还以为它是遮雨棚或者是温室之类的呢。"

"我也看见了。我觉得它像一个怪兽。"米娜说。

"这是现代美术馆。"路易斯大叔说，"这是在格拉茨当选为欧洲文化之都后兴建的建筑物，高16米，长60米，由一片片蓝色的塑料玻璃拼接起来。因为它奇特的造型，被形容为'城市怪兽''巨型膀胱''毛毛虫'等，当地人则亲昵地称它为'友善的外星人'。"

三个人走进美术馆。美术馆的屋顶呈弧形，阳光从屋顶上圆形的窗户照射进来。路易斯大叔介绍说，窗户就是"毛毛虫"身上的突起，共有15根。美术馆里的装饰简洁大方，非常宽敞明亮，但里面展示的物品十分奇特，充满艺术感。

在展厅里，多多发现了一条非常有趣的狭长坡道。站在坡道上，顺着它慢慢向下滑动，大家似乎慢慢被吞了进去，是非常奇特而有趣的体验。路易斯大叔说大家被吞入的是中间凸出的展厅，它是

美术馆的"胃"。

从美术馆出来，他们走在老城区狭窄的街道上，感觉好像走进了一个大型的露天建筑艺术博物馆，不管走到哪里，总会看到各种各样的建筑风格以及精美的装饰，令人赞叹。

他们来到老城区的中心广场，这里有很多游人。广场上有一个约翰大公爵喷泉，是为了纪念约翰大公爵而建立的，而约翰大公爵是格拉茨最受爱戴的君王。喷泉中的雕塑群中，位于中央、高高站立的就是约翰大公爵，旁边围绕着四个美女雕像，分别象征着茵斯河、穆尔河、德拉瓦河和桑恩河。

喷泉后面是格拉茨的市政厅，是一座非常漂亮的三层楼建

筑，中央和两端各有一个拱形圆顶，墙壁是淡黄色的。正门是3个拱形门，旁边又是许多小的拱形门。半圆形的拱廊窗户上摆满鲜花。路易斯大叔说："它被称为'奥地利最优美的文艺复兴建筑'。"

广场的街角有一幢橘红色的房子，整个墙面上布满了精美的灰泥浮雕。路易斯大叔告诉两个孩子，它叫吕格屋，建于16世纪，是格拉茨最古老的药局。

紧接着，他们又来到了老城区最繁忙的街道——海伦巷，看到了一座从未见过的绘满壁画的房屋，色彩鲜艳，相当显眼，窗棂上的雕花也非常精美。路易斯大叔介绍说："这是哈布斯堡家族在15世纪建造的，在奥地利独一无二，非常珍贵。墙壁上画的人物都是希腊神话中的诸神。这些画像分为3层：最底层的是酒神、女灶神和工艺

之神；中间层是太阳神、冥王神和众神之王宙斯；最顶层是战神、药神、商旅之神和艺术之神。

在格拉茨还有一个非常有趣的建筑，就是穆尔河上的人工浮岛，由许多根银色管子组成，远远望去就像一个巨大的银色贝壳。它将穆尔河两岸连接起来，人们可以通过它在两岸之间通行。最奇特的是，它还会随着水流上下浮动。

路易斯大叔他们三个人走进浮岛，发现那通道竟然是螺旋状的，在里面行走，通过透明的"贝壳"，能看到外面的河水，感觉好像能随时漂走似的。

浮岛上有一个露天的剧场，周边的银色管子被设计成能让小孩攀爬的游戏场，有许多小孩在那里玩耍。剧场里面还有个非常时尚的咖啡厅，以蓝色和银白色为主，人们可以坐在里面一面喝咖啡，一面欣赏外面湍急的河水。

时间过得太快了，仿佛一转眼，他们在奥地利的旅程就结束了。这天早晨，路易斯大叔早早地将两个孩子叫醒了："赶紧收拾一下你们的东西，我们要赶快去机场了，否则就赶不上飞机了。"

"路易斯大叔，我真的舍不得离开这里，我真想在这里好好学习一下音乐。"多多说道。

"多多，相信我们以后还会有机会再来的。"米娜劝说道，但眼睛里却流下了几滴眼泪。

坐上飞机后，两个孩子再次俯视"音乐之乡"，心里都不禁默默地说："再见了，奥地利，我一定会再来看你的！"

再见